La collection « Écritures »
est dirigée par Danielle Fournier.

L'Hexagone bénéficie du soutien de la Société de développement des entreprises culturelles du Québec (SODEC) pour son programme d'édition.

Gouvernement du Québec – Programme de crédit d'impôt pour l'édition de livres – Gestion SODEC.

Nous reconnaissons l'aide financière du gouvernement du Canada par l'entremise du Programme d'aide au développement de l'industrie de l'édition (PADIÉ) pour nos activités d'édition.

Nous remercions le Conseil des Arts du Canada de l'aide accordée à notre programme de publication.

L'Éléphant

David Jasmin Barrière

L'Éléphant

 l'HEXAGONE
Une compagnie de Quebecor Media

Éditions de l'Hexagone
Groupe Ville-Marie Littérature inc.
Une compagnie de Quebecor Media
1010, rue de La Gauchetière Est
Montréal, Québec H2L 2N5
Tél.: 514 523-1182
Téléc.: 514 282-7530
Courriel: vml@sogides.com

Maquette de la couverture: Anne Bérubé
Couverture et illustrations intérieures: © Alfredo Echeverria

Catalogage avant publication de Bibliothèque et Archives nationales
du Québec et Bibliothèque et Archives Canada

Jasmin Barrière, David, 1982-
L'éléphant
(Écritures)
Poèmes.
ISBN 978-2-89006-812-4
I. Titre. II. Collection: Écritures (Hexagone (Firme)).
PS8619.A86E43   2008   C841'.6   C2008-941121-8
PS9619.A86E43   2008

DISTRIBUTEURS EXCLUSIFS:

• Pour le Québec, le Canada et les États-Unis:
LES MESSAGERIES ADP*
2315, rue de la Province
Longueuil, Québec J4G 1G4
Tél.: 450 640-1237
Téléc.: 450 674-6237
* Filliale du Groupe Sogides inc.,
filiale du Groupe Livre Quebecor Media inc.

• Pour la Belgique et la France:
Librairie du Québec / DNM
30, rue Gay-Lussac, 75005 Paris
Tél.: 01 43 54 49 02
Téléc.: 01 43 54 39 15
Courriel: direction@librairieduquebec.fr
Site Internet: www.librairieduquebec.fr

• Pour la Suisse:
TRANSAT SA
C.P. 3625, 1211 Genève 3
Tél.: 022 342 77 40
Téléc.: 022 343 46 46
Courriel: transat-diff@slatkine.com

Dépôt légal: 4ᵉ trimestre 2008
Bibliothèque et Archives nationales du Québec, 2008
Bibliothèque et Archives Canada

#

Scène I

Pour revenir, je fais les cent pas à travers un champ de poteaux. Les immeubles m'obstruent la vue. Une grêle fumante mitraille les passants qui – une nuit si calme – paniquent, pris dans le piège des lampadaires animés de comètes blanches. Traversant un parc d'arbres, je me couvre la tête et croise une foule. La canadienne rougit. La nuit est tombée dans un lac artificiel et éclabousse des canards qui y dormaient paisiblement. Le pamplemousse aux dix gerbes est né. Chacun de ses safrans cuivre ma peau, jusqu'à ce que me surprennent les nuages poignardeurs de l'Éléphant. Canne à ordre, sept pattes givrées jaillissent et aspirent. Le verglas s'installe. Il trempe. Il gèle. Il immobilise. Il morcelle tous les manteaux des gens qui synchronisés s'effondrent, puis s'envolent en poussière. Je reconnais l'ennemi. Cette fois, il me dévisage des cimes et me suit au loin. Je connais ses intentions. Je n'ai plus de temps. Dans le parc, je saisis chaque seconde, les resserre entre mes paumes et rejoins un métro, puis la gare, avant qu'il ne m'attrape.

Scène II

Mon corps quitte Montréal pour Pittsburgh à l'intérieur d'un nuage carbonisé. Je roule sur des rails aux étiquettes en mouvement. À bord d'un wagon. À l'avant. J'entame la lecture sans reliure de bandits arrêtant un train. Au Far West. Ils mettent un frein. À sa course. Vers l'Ouest. Le Pacifique devient Érié. Et. Explosifs en main. Ils détournent un segment de chemin de fer. Pour. Que. La locomotive déraille. S'écrase dans une plaine. Et. Qu'. Un par un. Qu'. Ils pillent les wagons, trouent toutes les horloges rondes des Dalí immobilisées, même défigurées, qui sans vouloir avancer ni reculer indiquent les cinq heures. Les pilleurs retournent promptement aux caves d'Ali Baba pour y enfouir leur butin. Jusqu'à. Ce. Que. Le train vidé s'endorme jusqu'au petit matin. Que l'heure s'affiche sur l'écran de mon iPod. Que l'aube aux pattes de canard me transforme en escargot sans coquille et en continent américain dans un champ fertile d'oignons.

Je suis parti pour Pittsburgh, ma ville de rédemption, où l'on me voit comme une maison, où je suis parmi les miens. Avant le départ, le train m'avait demandé : « Mais, qu'est-ce que l'Amérique ? » Je lui ai répondu :

« L'Amérique
possède
Louis-Joseph Papineau
Riopelle
indépendance
et entrepreneurs. »

Scène III

Il fait chaud à Pittsburgh. Je trouve un loft curieusement construit avec quarante-deux morceaux de verre difforme. Je le loue et deviens résident de la Fountain Street.

Je prépare un allongé dans la cuisine, vide le filtre, marche encadré d'un espace exquis, m'assois sur un canapé de verre très confortable, replace le portable sur mes genoux et entame la rédaction d'un roman. Le loft situé au cœur de la ville de l'acier ressemble étrangement aux murs montréalais.

l'Éléphant
polymorphe
translucide
plancher plafond
fenêtres portes balcons
défenses immeubles immobiles
sept pattes
même modèle
mêmes murs

À quoi bon voyager s'il m'attend de pied ferme chaque fois que je transforme la ville ?

Scène IV

Funambule, sur sept orteils de lin, l'Éléphant-prêtre-à-la-chasuble-d'organdi-parée-d'orfrois entre pour me fourcher d'une trompe riche de bijoux. Il m'a trouvé. Cantique des cantiques. Le loft transforme ses murs malléables en mammouth. Tout fume, s'agrandit. Les pièces disparaissent. Une éclipse de lumière s'empare des plafonds, du plancher, des trompes, des yeux, du front plissé, bleu, gris, des quatre anneaux d'or massif, au-dessus desquels flottent des hologrammes de chariots de feu, de pains et de poissons, de dictée angélique. Mon loft se mue en Éléphant, je me retrouve cloué à ses cinq mille quatre cents kilos de savane, de brousse et de vallées pluviales.

Les manuscrits de toutes les religions du monde prophétisent la venue de l'Éléphant, qui oindra le monde d'une huile perpétuelle.

Charles le Musicien et sa sœur Trottinette
vont aux bois
sans savoir où ils vont
Un Éléphant veut gober le soleil
et la rivière cueillir une fleur en passant
Trottinette et son frère Charles le Musicien
où vont-ils où vont-ils
personne ne le saura personne ne le sait *

Je laisse aux théologiens la tâche de définir l'exacte signification de cette prophétie, mais à cette se-

* Philippe Soupault, *Poèmes et poésies*, Paris, Grasset, p. 76.

conde, je comprends que tous ont vécu, lavent et embrasseront les pieds rugueux de l'Éléphant.

Rondes et chaudes le boulonnent au soleil des constellations, les numéros sous cuisses propres de dame électrique. Les tuiles construisent des arcs, de la friction, un sort, des picots, une sève, des parois extérieures et un flacon. Son esprit s'approche. Je le connaissais interposé. Je m'étonne de la grosseur de ses oreilles. Il me dit d'un souffle pernicieux qu'il a pour trône les cieux, loin des hommes, que les sommets des Appalaches, des Rocheuses, du Bouclier canadien et du mont Royal représentent ses quatre capitales perses, où il vit aussi oisivement que Darius. Il m'invite. L'Éléphant insiste, promet de faire tomber la manne.

Scène V

Les vallées ne sont pas désertes. Dans d'immenses canaux me rappelant les tunnels souterrains de Montréal poussent des bancs d'orangers. La planète rouge se tient devant. Mon corps préfère son atmosphère sous-oxygénée. L'herbe y croît beaucoup mieux, ses mondes sans gravité permettent à tout organisme végétal d'atteindre une taille démesurée, sa luminosité génère la photosynthèse, ses orangers atteignent des tailles disproportionnées et leurs fruits qui mesurent des circonférences portent les noyaux de la prochaine lutte.

Torse à nez, une série de mots incohérents sortent de sa trompe; une tour, un gratte-ciel, un coup, du métallique, l'Éléphant, devant moi, chauve, sauf de violence et de haine, s'évapore, forme de la pollution et lève un de ses poings pour me terrasser. Pendant qu'il m'enflamme, m'écrase, mais jamais ne me resserre, je vaux une poignée de porte, une clé et une serrure.

Scène VI

Les affiches colorées des rues pesantes et du charme bruyant me tiennent éveillé. Les guêpes du génie de la lampe vrillent à travers la forêt. Elles zigzaguent entre les sapins et rebondissent sur les parois des gratte-ciels.

L'Éléphant me frappe de sa trompe, me piétine à sept pattes. La lutte est constante, le croissant règne, me visite, les arbres évitent l'oreiller, les lucioles halogènes restent allumées, chaque nuit se meut d'insomnie ; à une heure quarante-trois, je range les vêtements du sol infecté.

À une vitesse vertigineuse, les murs polymorphes se métamorphosent en aiguilles à tricoter, en machine à coudre, en chemise blanche, en jeans et en cravate orange. Ils changent d'angle à chaque fraction de seconde, défilent en série de diapositives pour écrire l'autobiographie d'avant ma vingtaine. Je possédais un iPod très fragile. Il arborait le versicolore. Je le percutai d'un coup de brosse à dents, le brisai sur les carreaux de la cuisine. Cette malencontreuse scène m'apporta sept ans de malheur. J'achetai un deuxième iPod. Il formait la carte géographique de l'Inde, reflétait mon identité. J'aimais chaque jour y admirer mes traits. Je l'ai lui aussi échappé, hier, sur le trottoir froid, pendant l'avènement, lorsque je compris que les mystères viennent et puis s'en vont, que l'Éléphant existe, qu'il me trouble de spasmes, que les arcanes sourcilières et les arcades fourmilières prennent racine, qu'elles se fragmentent en deux oreilles, un nez, une bouche, deux yeux et des éclats. Espérons que le deuxième iPod ne se cassera pas en mille notes de musique qui une à une entreraient sans cogner, qu'il n'y aura pas de guerre religieuse, Éléphant contre girafe, ogives nucléaires en direction de l'ennemi, que le deuxième iPod frêle ne se court-circuitera pas.

ACTE II

Scène I

Au café, mon veston repose sur les épaules du dossier. Mon portable déplié, je commande : « Café brûlant sans lait de loutre, et de la cannelle, sans sucre, s'il vous plaît ; je l'aime amer, mon cappuccino. Ajoutez un croissant au beurre de Seattle et du fromage danois. »

Il n'y a pas de mot de passe pour la connexion sans fil. Assis sur une chaise indigo, l'ambiance est grenat ; j'attends presque jade. Pris par la caféine, mes yeux sortent et, aimantés, traversant un tube, les murs de verre encore une fois se transforment en Éléphant.

Je suis désert et aride depuis trente jours. Je n'ai pas mangé ni bu depuis le toit du temple. Le sable se faufile entre mes orteils. J'en prends une poignée. Je la lance. Rien ne retombe. Pas un grain.

L'étendue saharienne barbeau, outremer et malachite est porteuse de couleurs ; ses Grandes Murailles poussent jusqu'à ce que m'emporte un Atlas.

Du sommet, un ange laisse une traînée. Il se présente : Pomacanthus Annularis. Il vit trois, souffle un et se juxtapose. Il porte une couronne de rubis du Nunavut, sa tête forme un octogone transparent, son corps grouille de vers de terre inodores, ses bras se métamorphosent en becs de céramique et ses lèvres s'émaillent de pluies de gemme : « Pour ne plus s'ennuyer en compagnie : c'est très difficile. N'y soyez pour personne, et parfois, lorsque nul n'a forcé la consigne, vous interrompant en pleine activité surréaliste et vous croisant les bras, dites : "C'est égal, il y a sans doute mieux à faire ou à ne pas faire. L'intérêt de la vie ne se soutient pas. Simplicité, ce qui se passe en moi m'est encore importun !" ou toute autre banalité révoltante. »

Pomacanthus Annularis me fortifie et me remet une mission bourdonnante, celle de surprendre l'Éléphant : « Puissant, énorme, omniprésent, il te pourchassera à jamais. Il faut le suspendre, le battre à son propre jeu. » Peu à peu, il remplit mon pouce d'un souffle froid. Je décide de lever l'oriflamme de la lutte contre le roi, l'Éléphant aux sept pattes.

Sourates sous le bras, versets dans la tête, j'arbore un étendard de couleur fuchsia sur lequel sont téléchargées les lettres dorées d'un alphabet inconnu. Cimeterre entre les dents, bouclier sur la tête, cottes de mailles sous les pieds, tous les livres saints, les manuscrits célestes, tous les psaumes de ce monde se lisent sous mes paupières et portent mon fardeau. Je suis centurion, marche un kilomètre de plus, m'évapore dans le sable, raye les courants d'air et dépeins les tableaux de tous les musées pendant que les peintres morts du monde me regardent et confirment qu'une esquisse a été échangée contre une bouteille, rue Fontaine.

42, rue Fontaine.

Scène II

Dans un atelier, la moustache, moteur à quatre temps, propulse sur des vagues le peintre Salvador Dalí : il trouve le numéro de cellulaire d'Elena Ivanovna Diakonova – femme d'Eugène Grindel –, son adresse, et l'esquisse de quatre mentons, trois sourcils, deux yeux de vitre et quatre tiges de cheveux. Il se pose sur une branche, poussent les feuilles, des croches, des noires, des blanches, des rondes, et elle est séduite. Ondulent Gala Éluard et le peintre. Elle avait rompu une liaison avec Max Ernst et était proche des René – Char et Crevel.

Le cœur brisé, Grindel, connu sous le nom de Paul Éluard, grimpe dans sa mansarde, regarde à la fenêtre, pleure, ouvre son portable, s'installe sur facebook et dévoile l'histoire en changeant son statut et sa photo. Il écrit l'état des lieux :

les oiseaux ne chantent plus
la voûte pâlit à vue d'œil
des monstres feuillus aux pieds griffés sont sortis
    de terre
il poussait des haricots magiques
j'aimais tant les emprunter
insérer mes ongles dans leurs troncs
courir leurs échelles
leurs ascenseurs

Au même moment, dans le coin de l'écran, tous peuvent lire *Paul Éluard is no longer in a relationship.*

En jeans et veston, André Breton sursaute, Philippe Soupault écrit *La petite sirène*, et sur msn, Benjamin Péret discute avec Octavio Paz. Pendant ce temps, Gala s'occupe de ses affaires, la famille Dalí a vent de la nouvelle, le mur de Paul Éluard s'allume de graffitis et Salvador se fait réveiller par sa mère qui, en pleine nuit, le réprimande. La médisance commère. Le mot s'étend. Les cerceaux hurlent. On le renie. On dénonce Salvador Dalí.

Instinctivement, pour remédier à la situation, l'inventeur de la technique de la paranoïa critique déterre un coupeur de fils de liaison et ensevelit ses cheveux. Il ne laisse aucune trace de son crime. Il enterre son passé, laisse pourrir sous terre ce que tous pensent, pour ensuite rejoindre sa bien-aimée.

Je ferme le capot de mon portable, creuse un trou, attrape le sécateur, me coupe les cheveux qui tentent de me mordre avec des dents de serpent, pour les emboîter dans un coffret de métal et l'enterrer. Le travail terminé, sur le petit monticule de cailloux formé par ma pelle, je plante une croix, puis ancre une tombe sur laquelle est gravé mon propre nom.

Scène III

Chaud, humide, le brouillard des cinq voitures de manoir s'alourdit d'opacité. La brise d'un paquebot transatlantique casse des icebergs et la couverture de lave jusqu'aux tectoniques se pré-usine. Grâce au souffle de l'Éléphant aux sept pattes, l'herbe est verte et fraîche. Cet Éléphant ne s'écrit qu'avec un *é* majuscule, *É*.

Quelle joie, quand il se rue vers ma manu-facture préfabriquée aux rayons micro-ondes ! Contemporain de Zeus, chaque jour il étend ses sept tentacules et asperge la terre d'engrais. Il porte des bijoux qu'il a obtenus des struthioni-formes se perchant sur ses défenses, lorsqu'il fait frais.

Qui désire goûter à sa vengeance ? Tout-puissant, il esquive la miséricorde.

L'Éléphant aime le luxe. Son collier pèse douze carats, ses boucles d'oreilles forment des loupes, quatre anneaux encerclent sa trompe, les rubis ajoutent à la beauté d'une femme, les crinières décuplent la force de Samson, et l'or dont se pare le pachyderme augmente sa puissance.

De sa gueule, il exhume une fumée. Elle s'étend sur la côte est américaine, de Montréal à New York, et pénètre l'intérieur du continent, jusqu'à Pittsburgh. Reconnaissants, on multiplie les mer-cis, on le loue. Il sort la trompe. Béni soit-il. Il barrit devant les caméras.

À Pittsburgh comme à Montréal se dressent le continent, les hôtels, les conférences, un bar à martinis, un verre, une olive, une ottomane, un piano, Satie, la *Cinquième Gnossienne*, une main araignée et des vestons. Ils rient de leurs dentiers javellisés. Ils se voient si beaux, si belles dans ce miroir. En chœur, ils chantent des troupeaux de cantiques.

L'Éléphant aime la fauve Amérique. La Nouvelle-Angleterre, la Nouvelle-France : Pittsburgh, New York, Montréal est un triangle des Bermudes qui hurle :

« Que la tour Eiffel brûle, que le Big Ben se cache la tête sous une pluie de météorites !
L'Amérique vit !
Que Breton, Soupault et Aragon reposent en paix, l'Amérique, c'est la vie ! »

Scène IV

Je n'aime pas l'Éléphant. Il s'emmure dans une vision unilatérale, médiatrice de son isolement intellectuel, pourtant divin. C'est pour cette raison que je glisse quotidiennement des logarithmes dans les ruisseaux coulant jusqu'à l'étang – une oasis – où il se repose quotidiennement.

Le dos tourné, il n'a rien vu, rien entendu. Sans qu'il le sache, caché dans l'obscurité, un monde aux multiples équations le dirige. Une vérité, une seule vérité, prévaut dans chacune de ses sept pattes ; son cerveau est verrouillé par un cadenas oxydé et des algues prolifèrent dans l'aquarium de ses cellules trop grises.

L'Éléphant dort dans cet étang, au sommet des monts. Il habite là-haut, où le corail s'installe, où les roseaux se dressent, où le milieu aquatique pullule, pollué et sous-oxygéné, artificiel et superficiel, élevé en altitude. Imperceptibles, mes logarithmes nagent près de sa trompe, un récif.

tout égale vrai
ainsi vrai moins tout
plus tout fois vrai
est égal à l'ignorance
multipliée au centuple
ce qui équivaut à huit horizons
couchés à l'horizontale
somnolant dans l'argile
dans lequel sombre l'étang

L'Éléphant dort à trompe fermée aux côtés des nénuphars.

la vérité uniforme et verticale
les horizons véridiques et octogonaux

Palmée, une équation frêle nage avec une lampe de poche quadrillant de + et de −.

huit moins un égale sept
sept horizons le séparent de l'océan
l'empêchent même d'y entrer si ce n'est que le
    bout de sa trompe
le forcent à pourrir dans son étang asphyxié
où les plantes aquatiques le paralysent
le menottent dans la boue

Scène V

À quoi bon dormir lorsque songent mes bas ?
Mes chemises pleuvent de l'argile précuite. De
grandes flaques forment de petits ronds. D'épars
marécages me dépravent. À quoi bon dormir ?
Mes os macèrent dans le sang. La crête rougeâtre
tient entre ses griffes des flacons de venin. Je suis
fatigué. La vie contre l'Éléphant se recourbe sur
les poignées de porte. À quoi bon s'effondrer sur
ses grèves, sous des sacs-poubelles percés ? Il
n'est pas une nuit où je ne baisse la garde. J'ap-
puie mon arquebuse sur le parapet. Je ne par-
cours jamais les pans de muraille sans m'assurer
que les bastions qu'ils relient tiennent bon.

J'ai poignardé les marchands de sable jusqu'à ce
que ni souffle ni vent ne sortent des alvéoles de
leurs poumons. J'ai volé leur carré pour le trans-
vider loin de la scène du crime. Des champignons
ont poussé sur mes biceps, se nourrissant de la
vapeur dégagée par mon système de ventilation.
Je ne dors plus et je m'en porte très bien. Ma
carcasse, pigmentée de lumignons, une armure
dorée, sorte de veston picoté, presque maculé,
brille de mille pommes incomestibles.

Pour subvenir à mes besoins énergétiques, jadis
subjugueurs, j'ai érigé trois centrales électriques.
Mes mains ont digué les torrents de rosée pour y
construire nombre de barrages hydroélectriques.
La force catalysée par les turbines me soutient
pendant plusieurs heures. Je vis aussi de l'énergie solaire et éolienne, toutes deux écologiques.

Mon épiderme, plaqué de panneaux solaires, capte les rayons du pamplemousse perpétuellement enflammé. De ma tête, une antenne, une longue sonde aux petits bras, sortent des milliers de pales pointées et manipulées par les joues gonflées du vent. Grâce aux barrages hydroélectriques, aux panneaux solaires et à l'hélice éolienne me procurant l'énergie nécessaire à la régénération, dominant les éléments, les convertissant en électricité, je subsiste sans collapser dans le sommeil.

ACTE III

Scène I

Il se fâche et descend de son étang. Ses jambes se gonflent. L'Éléphant survole la stratosphère à ma recherche. Sa lunette à prisme omniprésente, il survole, pointe la trompe, la place en hameçon tout en planant des pattes, traverse un stratocumulus, perce l'horizon et me trouve.

La terre saute. Il a chargé à la vitesse de la mouffette et m'empale maintenant à coups d'arbres déracinés, de ses longues défenses écharneuses. Il frappe fort, me saigne à débit de tuyaux percés, fait trembler les murs que je croyais indestructibles. Ensuite, dans les libellules de l'instant, il m'attrape, m'entoure par la trompe, me lève, me brise, me lance, me piétine et m'écrase en peau de darbouka, sous ses sept pattes. Je suis dérouté. Il me tond jusqu'à ce qu'enfin, l'iris dans l'ombre, j'évite le dissecteur en roulant sur le côté.

À mauvais chat, mauvais rat. Je l'ai lu sur Wikipédia. Le seul moyen de survivre consiste à attacher les sept pattes de l'Éléphant avec une corde; le menotter, enchaîner ses sept chevilles, tirer sur le lasso et pousser la bête par terre tandis qu'elle est déséquilibrée. Je l'immobiliserai et la dompterai à l'aide de la méthode de Pavlov. À bon chat, bon chat.

| cinq hochets | une narine | quatre oreilles |
| sonner les matines | le nourrir | puis attendre |

J'attaquerai une patte à la fois, je persévérerai, je renverserai la première avec une pelle, un pare-chocs, une vitre, un sourire et un champignon. Je clouerai ses pieds au sol, dans le ciment. Je le charmerai, lui demanderai quel est son talon d'Achille ; sous le joug de l'amour, il sera impuissant ; je le soûlerai de somnifères, couperai ses cheveux rayonnant de force mystique, l'aimanterai aux colonnes.

Trop tôt.

Il saute, froisse le vent, me devine, redescend en vrille, en vis de pierre, en phare d'Alexandrie, en piano à queue, il retombe en spirale pour continuer le duel. Gros, obèse, mille-pattes, il défonce tout sur son passage, ouvre les eaux de tous membres à coups de scie électrique. À roulements de rouleau compresseur il détruit un pan de rempart.

La taille de l'Éléphant s'impose. Il accélère, fait saillir ses muscles, fonce en ligne droite, barrit, prend le dessus, me garde en mire, tend la corde de sa trompe et lance des boules de Dargelos. L'impact me renverse, me défait, me propulse, m'expédie, me poste, me livre et m'envoie percer l'englacement de la baie d'Hudson, où je perds connaissance.

Scène II

deux yeux oblongs me scrutent
nous n'adhérons pas aux mêmes dogmes
deux organes de la vision khmers jouent au
    football
poupard, le ballon se tache et se dégonfle
deux analyses de la lumière, en pinceau, me
    sculptent
remplissent ma tasse de tisane à la menthe
deux environnements emphysèmes me défigurent
consument
s'agrippent à mes viscères
répandent leurs cendres
ces interactions en sabre m'effilochent

L'Éléphant m'a placé sur une table d'opération. Recouvert de frimas, je suis apeuré par les deux yeux sadiques, les sept pattes, la trompe châtonnée et le scalpel. Il pratique simultanément l'ablation, l'amputation, l'antisepsie, l'autogreffe, le cathétérisme, la césarienne, la couture, le curetage, le débridement, la diérèse, la dilatation, l'énucléation, l'évidement, l'excision, l'exérèse, l'extirpation, l'extraction, la greffe, l'hémostase, l'hétéroplastie, l'incision, l'insufflation, la ligature, l'occlusion, l'ouverture, la ponction, le pontage, la prothèse, la réduction, la section, la suture, la taille, le tamponnement, le toucher, la transfusion et la trépanation.

Scène III

L'Éléphant et sa masse humidifiée entrent dans mes intestins d'acide et de chicorée. Je ne réussis pas à extraire le poison. Dans le creux de mon cœur, par intraveineuse, il se tortille, frappe de toutes forces, infeste 80 % de mon corps, installe des virus pour combattre mes nouvelles branchies et se colle à mes écailles.

L'insécurité d'un tambour l'emporte sur la course. Le désir d'action ne ressurgit de mon inconscient que lorsque les chats de gouttière se livrent bataille. Mes yeux fermés, transpercés d'épines, d'aiguilles à coudre, de baguettes beurrées au fromage danois, mes yeux ouverts, catalysés de rayons de lutte, endurent l'horloge pendant qu'ils se font la guerre, s'étripent mutuellement, pansent leurs plaies et reviennent s'entre-griffer sur d'autres barrières, jusqu'au lever du pamplemousse. Les oiseaux, quant à eux, fusils braqués, se réveillent, prêts à tirer ; ils passent à travers les fenêtres et chantent à tue-tête, pratiquant le solfège, tirant des mélismes ; un examen, cet après-midi. Ils se réchauffent avec des gammes chromatiques de morceaux salés avant que les rouges-gorges prennent le relais, écrasent les pianos, volent, la nuit, dans un ciel étoilé de chaussures, de shorts, de pyjamas, de crayons, de sacs à dos, de blocs-notes éparpillés et de translucide.

Le sommeil s'obscurcit de médianes. Les tourbillons d'idées se succèdent. Je trouve juste-milieu dans l'œil de l'ouragan. Je me ruche. Je me couronne. J'ajuste l'aiguillage. Ce qui m'intensifie. Je sauve les fantômes mangeurs de céréales, la lumière multicolore des cages d'escalier m'effraie, je m'invente, les marches de la baie d'Hudson prennent une taille démesurée, se disloquent de leurs emplacements habituels ; en battant des ailes, sous le poids de cinq cents chameaux, mon séquoia se construit. Chaque jour l'espoir retourne à la baie d'Hudson.

Scène IV

Je chasse l'Éléphant qui bourdonne, vrille, s'en-
fuit par la tête de la moustiquaire, dit « *good
night* », fige, vole et s'élance. L'éclipse lunaire est
reflétée dans les lustres des fenêtres, des yeux,
des fleuves, du laminage, des lacs, de la fonte des
neiges, des cailloux, des jets et des bulles d'eau.

l'Umour
une série de lettres et de dessins aux rendez-vous

Il émet des barrissements mystiques. L'Éléphant
subit la chasse du Vaché, des anneaux de deux
cent soixante-quinze, cinquante et dix-huit cen-
timètres, du nombril à la gorge, des éléments
chimiques de symbole Au et du numéro atomique
soixante-dix-neuf. Il déclame le rinforzando, dé-
gage de l'ombre, s'électrocute dans un quadrillé
miel, se cogne sur la volonté cassis, s'étoile de
triangles kaki, s'enflamme d'alizarine, constate
que l'espoir mis en ce brouillard ne vaut pas une
chandelle ou un escalier.

une à une
les marches des châteaux
et celui de Chambord
nationalisent
s'électrisent
arment Charles-Michel de Salaberry d'eau
    potable et d'embuscades
bataille de Châteauguay, 26 octobre 1813
je protège
l'Éléphant zigzague à travers une ficelle

grimpe par la vigne
mange des raisins
et perd ses feuilles tout en floraison

Scène V

L'Éléphant, infesté de nids, continue sa progression vers de nouveaux sols, tous munis de systèmes digitaux. Je le chasse à coups de raquette. Je creuse sa tombe. Repoussé, il change de direction et emprunte le chemin d'un monde dangereux, plus engouffrant que l'imaginaire, un pays aux villes, décombres, lacs, fossés, merveilles et champs de bataille fertilisés par la décomposition des cônes melon rayés de bandes perle. De cette zone fumante, d'une de ces crevasses d'artillerie, se construit une fenêtre ronde, un hublot sous-marin, mon œil droit, tordu par le paysage.

l'Éléphant se dilue
centimètre cube des pensées
par l'hôpital d'une enfance

Un avion survole un lac rond et chasse la mouette. Les mains vides, l'aéronef devient pédalo, pour lentement lire *Pourquoi personne ne croit à l'Éléphant à trente-six étages et douze ascenseurs ?*, s'agripper aux nénuphars, chasser la grenouille, disloquer leurs pattes, les apprêter à l'huile et les déguster à l'ail.

La sensibilité subventionnant la connaissance pourrait être une arme à double tranchant. Pourtant, le pédalo se métamorphose en céramiste et crée au fur et à mesure. D'un coup de volant, l'argile se transforme en une automobile. Elle course et emprunte les têtes d'aiguilles dans une dernière série d'images tridimensionnelles.

une armoire au cœur de Montréal
une centrale hydroélectrique
cinq enfants frisés blonds droits
tendres et sincères .
des branches
s'inspirent du foyer
des bûches sèches, animées par le papier journal
    froissé
spécifique à la navigation des allumettes

Scène VI

Se déroule un hiver de coma. Je le passe et le
termine au fond de la baie. Se défigent graduelle-
ment des suintements. Le mois de juin fond, les
rivières ruissellent du bas et laminent du haut,
du lichen pousse sur la mousse, les racines des
troncs-aiguilles se faufilent dans les fissures bom-
bées et il y a peu de feuillus. Se peint un Véronèse
contreplaqué de clairières délavées à flanc de ro-
cher et de tapis d'humus. Des caribous au pelage
cendré, aux bois tissés de vaisseaux sanguins,
galopent sous les moustiques ou nagent dans
l'eau ambiante, on entend hurler les loups, mas-
tiquer des papillons de nuit les ours bruns, les
oiseaux chantent *tcha tchi dhi*, et les pies à la
longue queue imitent les réveils.

Je reprends vie désemparé, hypothermique, les ongles violines, la mâchoire vitriole. Je me tire hors de
l'eau tant bien que mal. Seul, grelottant, je lévite
au-dessus de la baie, reconstituant le fil des événe-
ments. Tout d'abord apeuré, paralysé, je constate
en deuxième lieu qu'arrive Pomacanthus Annularis. Il ne m'a pas oublié. Talonné par une tempête
à l'œil moisi – l'Éléphant boursouflant l'étendue
subarctique –, des gestes spontanés le propulsent.
Je fixe les yeux de mon allié au bec émaillé; il me
renvoie le regard de ses échasses. Nous nous éclai-
rons de courage au milieu du demi-cercle de l'est
de la baie d'Hudson et disparaissons.

Nanzir maléfique et herculéen, l'Éléphant avait
tué mon lion. Des abeilles fabriquent déjà du

miel dans mon cadavre. Je joue l'énigme : « De celui qui dévore s'emboîte ce qui se déguste, et du fort est issu le doux. » L'Éléphant ne peut la déceler. Il emprunte toutes les directions, tourne le cou. Il nous a perdus. Trop tard. Lui éclatent sur la boîte crânienne un et deux et trois et quatre éclairs qui le défoncent vers une chute libre. Nous le tenons. En un grincement de dents, il tombe, fracture l'eau de sa masse torride, fumante, radiant des kilomètres à la ronde, la différence entre la température de l'eau et celle de l'air ambiant, beaucoup plus froide, générant des ouvertures en aval. L'Éléphant coule.

ACTE IV

Scène I

La pointe de sa lance pèse cent sicles de fer.
Comme j'avais réussi à le faire, après l'hiberna-
tion, du fond de la baie, il revient à la surface.
Un javelot en bandoulière, il ne se laisse pas
abattre. « Suis-je un chien, pour que tu viennes
contre moi avec un poisson. Insensé, je suis
l'Éléphant, ne le sais-tu pas ? Viens vers moi, je
te donnerai à manger aux ours et aux faucons
pèlerins », ce sont les premières et les dernières
paroles que je n'ai jamais entendues sortir de sa
gueule. Je réponds : « Tu avances avec l'assu-
rance d'un char d'assaut, avec une trompe prin-
cipale, des protège-pattes, des contre-mesures,
deux défenses, un moteur, une trappe et des
mitrailleuses. Ne comprends-tu pas que je marche au nom de tout ce qui vit en moi ? Aujour-
d'hui, la lumière te livrera entre mes mains, je te
couperai la tête, laisserai pourrir ton cadavre et
fertiliserai mes jardins de citronniers avec ton
engrais, pour que tous puissent savoir que l'Éléphant peut être dompté. Aucune clef ne t'ap-
partient. »

Scène II

À l'improviste, alors que mes mots se puisent
encore, il saute, éclabousse, me trompe les jambes et les resserre entre ses dents. Je n'ai pas le
temps de laisser le passage. Pris dans sa gueule,
je décide de ne pas m'enfuir, mais d'entamer un
travail machinal, celui de décorer les sept sapins,
d'entourer leurs troncs de cerceaux, de rails sur
lesquels roule une locomotive miniature tirant
des wagons autour des trois Rois mages. Je ne le
crains plus.

Scène III

Assez des pattes. Il se débattait. Il me faisait mal.
Je lui passe à présent la souffleuse sur le corps.
Il ne suit plus. Je déplace des bancs de neige.
J'émiette la chair en lambeaux de trompe, maintenant imprégnée des marques de la fin de l'épo-
que glaciaire, la bête, ébranlée, chante une af-
freuse mélodie. Ses yeux rutilent. Une nouvelle
traînée de sang déborde. Son regard coule, reste
défiant, porte la haine, s'ombrage, reluit le bronze
et perd de l'écorce.

Scène IV

Je reviens aux pattes. J'emballe des cadeaux. Je ficelle. Je boucle des arches. J'épingle le feutre. Pomacanthus Annularis est un cerf-volant. J'ai la main heureuse. Des obus sautillent en champignons. Leurs ronronnements brisent les seizièmes de soupir comme L'Éléphant déchire le voile de la baie d'Hudson en barrissant un sostenuto. Je me lacère les paumes à lui ligoter les pattes. Je suis heureux de ressentir autant de douleur.

Scène V

Je change subitement de cible. Je lâche la trompe et m'occupe à enchaîner les dernières pattes, les troncs qui n'étaient pas immobilisés. Affaibli, il ne les protégeait pas, croyant qu'après l'œil, je continuerais à marteler sa trompe qui n'est plus ornée de bijoux. Qu'il ne se libère qu'avec l'œil droit percé. Il vibre. Je m'insère lentement dans sa cornée, son iris, sa rétine. Je me fraye un chemin jusqu'au cerveau. À mon tour de le défigurer. Un ruisseau de sang coule sur ses défenses, sous sa trompe. Il. Panique. S'. Effondre. Tout. En. Douleur. Et. Me. Recrache. Avant. De. Retomber.

Il est immobilisé. Tombé jambes contre eau, il portait un casque et des jambières de bronze. Je les lui prends et l'entends bramer. Pas de temps à perdre. Je cours, contourne ses flancs, m'arrête près de cet Éléphant, m'efforce de ne pas laisser tout le mal qu'il porte m'affaiblir, me saisis d'une de ses défenses, la pose sur son cou et le tue en lui tranchant la tête.

Scène VI

L'Éléphant vaincu mesure six coudées et un em-
pan. Sa cuirasse pèse cinq mille sicles, la défense
avec laquelle je lui ai coupé la tête, six kilogram-
mes. Je lui retire son armure, reprends souffle, m'empare de sa tête, la lève au-dessus de mes épaules et
la porte jusqu'à Montréal, pour l'exposer, avec
ses armes, derrière une vitrine incassable, dans
mon loft de verre, pendant qu'en teintes bleutées
nage à jamais, en cercles infinis et mouvements
spontanés, Pomacanthus Annularis.

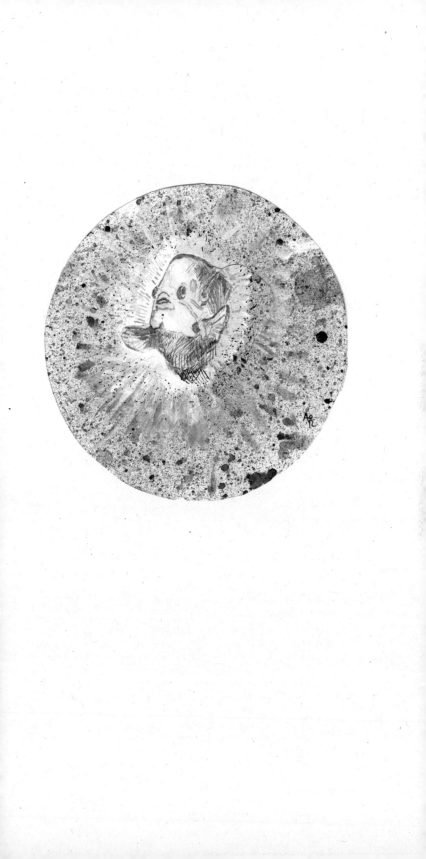

Cet ouvrage composé en Sabon corps 11 a été achevé d'imprimer au Québec
le neuf octobre deux mille huit sur papier Quebecor Enviro 100 % recyclé sur les
presses de Quebecor World à Saint-Romuald pour le compte des Éditions de l'Hexagone.

100%

Boy 4-11-08